CONSIDÉRATIONS ACTUELLES SUR LA GUERRE ET SUR LA MORT

SIGMUND FREUD

Traduction par
S. JANKÉLÉVITCH

DP ÉDITIONS

TABLE DES MATIÈRES

LA GUERRE ET SES DÉCEPTIONS

Entraînés dans le tourbillon de ce temps de guerre [1], insuffisamment renseignés, sans un recul suffisant pour porter un jugement sur les grands changements qui se sont déjà accomplis ou sont en voie de s'accomplir, sans échappée sur l'avenir que se prépare, nous sommes incapables de comprendre la signification exacte des impressions qui nous assaillent, de nous rendre compte de la valeur des jugements que nous formulons. Il nous semble que jamais un événement n'a détruit autant de patrimoine précieux, commun à l'humanité, n'a porté un tel trouble dans les intelligences les plus claires, n'a aussi profondément abaissé ce qui était élevé. La science elle-même a perdu sa sereine impartialité ; ses serviteurs, exaspérés au plus haut degré, lui empruntent des armes, afin de pouvoir contribuer, à leur tour, à terrasser l'ennemi. L'anthropologiste cherche à prouver que l'adversaire appartient à une race inférieure et dégénérée ; le psychiatre diagnostique chez lui des troubles intellectuels et psychiques. Mais il est probable que nous subissons d'une façon trop intense les effets de ce qu'il y a de mauvais dans notre époque, ce qui nous enlève tout droit d'établir une comparaison avec d'autres époques que nous n'avons pas vécues et dont le mal ne nous a pas touchés.

L'individu, qui n'est pas combattant et ne forme pas un rouage de la gigantesque machine de guerre, se sent désemparé, désorienté, diminué au point de vue du rendement fonctionnel. Aussi acceptera-t-il sans doute avec empressement toute indication susceptible de l'aider, tant soit peu, à s'orienter dans ses idées et sentiments. Parmi les facteurs qu'on peut considérer comme les causes de la misère psychique des hommes de l'arrière et contre lesquels il leur est difficile de lutter, il en est deux que je me propose de faire ressortir et d'examiner ici : la déception causée par la guerre et la nouvelle attitude, qu'à l'exemple de toutes les autres guerres, elle nous impose à l'égard de la mort.

Lorsque je parle de déception, chacun devine sans peine ce que j'entends par ce mot. Sans être un apôtre de la pitié et tout en reconnaissant la nécessité biologique et psychologique de la souffrance pour l'économie de la vie humaine, on ne peut cependant s'empêcher de condamner la guerre dans ses fins et ses moyens et d'aspirer à la cessation des guerres. On se disait bien que les guerres ne pourront pas cesser, tant que les peuples vivront dans des conditions d'existence aussi différentes, tant que différeront aussi radicalement leurs critères d'appréciation des valeurs, en rapport avec la vie individuelle, et tant que les haines qui les séparent seront alimentées par des forces psychiques aussi profondes et intenses. On s'était donc habitué à l'idée que, pendant de nombreuses années encore, il y aurait des guerres entre peuples primitifs et peuples civilisés, entre des races séparées par des différences de couleur, voire entre certains petits peuples de l'Europe peu avancés ou en voie de régression. Mais on osait espérer que les grandes nations dominatrices de race blanche, auxquelles est échue la mission de guider le genre humain, qu'on savait absorbées par des intérêts s'étendant au monde entier, auxquelles on doit les progrès techniques leur ayant assuré la maîtrise de la nature, ainsi que tant de valeurs artistiques et scientifiques, il était permis d'espérer, disons-nous, que ces nations du moins sauraient vider leurs malentendus et leurs conflits d'intérêts autrement que par la guerre. Chacune de ces nations avait établi pour les individus qui la composent des normes morales élevées, auxquelles devaient se conformer dans leur vie tous ceux qui voulaient avoir leur part des biens de la civilisation. Ces prescriptions, d'une sévérité souvent excessive, exigeaient beaucoup de l'individu : un grand effort de limitation et de restriction, un renoncement à la satisfaction d'un grand nombre de ses instincts. Il lui était interdit avant tout de profiter des avantages extraordinaires que, dans la concurrence avec les semblables, on peut retirer de l'usage du mensonge et de la ruse. L'État cultivé voyait dans l'observance de ces normes morales la condition de son existence, il intervenait sans pitié toutes les fois qu'on osait y toucher, voyait même d'un mauvais oeil ceux qui voulaient les soumettre à l'épreuve de la raison critique. On pouvait donc supposer qu'il était lui-même décidé à les respecter et à ne rien entreprendre contre elles, car ce faisant, il ne pouvait qu'ébranler les bases de son existence. On pouvait enfin admettre qu'au sein de ces grandes nations existaient, en formant une sorte d'enclave, certains restes ethniques qui, n'étant pas tout à fait désirables, n'étaient pas admis à prendre une part aussi active que le reste de la population au travail commun ou n'y étaient admis qu'à contre-cœur, bien qu'ils se fussent montrés suffisamment aptes à s'acquitter de ce travail. Mais, pensait-on, les grands peuples eux-mêmes doivent avoir acquis un sentiment suffisant de ce qui les unit et assez de tolérance pour ce qui les sépare, pour ne pas confondre, ainsi que le faisait encore l'antiquité classique, l'étranger avec « l'ennemi ».

Confiants de cette union des peuples civilisés, des individus sans nombre avaient quitté leurs patries, pour aller séjourner à l'étranger, en rattachant leur existence aux rapports qu'entretenaient entre eux les peuples amis. Quant à celui que les nécessités de la vie n'immobilisaient pas dans un endroit déterminé, il pouvait jouir des charmes et avantages de plusieurs pays civilisés, se composant ainsi une patrie plus vaste où il pouvait se mouvoir sans rencontrer des entraves et sans éveiller des soupçons. Il pouvait ainsi jouir de la mer bleue et de la mer grise, de la beauté des cimes neigeuses et de celle des plaines vertes, du charme de la forêt nordique et de la magnificence de la végétation méridionale, des sentiments éveillés par les paysages auxquels se rattachent de grands souvenirs historiques et du calme de la nature inviolée. Cette nouvelle patrie était pour lui en même temps un musée rempli de tous les trésors que les artistes de l'humanité civilisée ont créés pendant des siècles et nous ont légués. En passant de l'une des salles de ce musée dans une autre, il pouvait se rendre compte en toute impartialité, et en toute reconnaissance, combien étaient variés les types de perfection que ses compatriotes, au sens large du mot, ont réussi à réaliser sous l'influence du mélange de sang, de l'histoire, des caractères particuliers de la terre qui les a nourris. Ici c'était l'énergie froide et inflexible poussée à sa plus haute puissance, ailleurs l'art gracieux d'embellir la vie, ailleurs encore le sens de l'ordre et de la loi ou d'autres aptitudes qui font de l'homme le maître de la terre.

N'oublions pas, en outre, que tout citoyen du monde civilisé s'était composé son « Parnasse », son « École d'Athènes ». Parmi les grands penseurs, poètes, artistes de toutes les nations, il avait choisi ceux auxquels il croyait devoir le meilleur de lui-même, ceux qui lui ont montré comment il fallait comprendre la vie et en jouir, et il les avait rangés au même niveau que les immortels classiques et les maîtres familiers de son propre pays. Aucun de ces grands hommes ne lui avait paru étranger, uniquement parce qu'il avait parlé une autre langue que la sienne : en admirant un grand homme étranger, que ce fût un explorateur incomparable des passions humaines ou un rêveur ivre de beauté ou un prophète aux prédictions pleines de menaces violentes ou un railleur plein d'esprit, il n'avait jamais eu le sentiment de commettre une infidélité à l'égard de sa propre nation et de sa langue maternelle qui lui restaient toujours aussi chères.

De temps à autre, le plaisir qu'on éprouvait à jouir du patrimoine commun de l'humanité civilisée était troublé par des voix annonçant qu'étant donné les divergences traditionnelles, des guerres entre les membres de cette humanité étaient encore possibles. On ne voulait pas y croire, mais à supposer qu'une pareille éventualité fût possible, comment se la représentait-on ? Comme une occasion de révéler les progrès que le sentiment de solidarité avait accompli chez les hommes, depuis l'époque où les Amphictyonies grecques avaient défendu de détruire une ville faisant partie de la ligue, de couper ses oliviers, de la priver d'eau. Une guerre de ce genre devait être une sorte d'expédition chevaleresque, destinée à montrer seulement la supériorité de l'une des parties en cause, en s'abstenant autant que possible de causer des souffrances graves, sans rapport avec ce but, en ménageant le blessé destiné à se retirer du combat, le médecin et l'infirmier ayant la mission de le guérir. Il va sans dire qu'on devait tous les égards à la partie non combattante de la population, aux femmes étrangères au maniement des armes, aux enfants qui, quand ils auront atteint l'âge d'homme, devaient devenir les amis et collaborateurs de leurs contemporains du camp adverse. Ajoutons encore que toutes les entreprises et institutions internationales dans lesquelles s'est exprimée la communauté de civilisation du ' temps de paix, devaient être maintenues et conservées.

Une pareille guerre aurait bien été encore assez terrible et intolérable, mais elle n'aurait pas interrompu le développement de rapports moraux entre ces grands individus de l'humanité que sont les peuples et les États.

La guerre à laquelle nous ne voulions pas croire éclata et fut pour nous une source de... déceptions. Elle n'est pas seulement plus sanglante et plus meurtrière qu'aucune des guerres du passé, à cause des terribles perfectionnements apportés aux armes d'attaque et de défense, mais elle est aussi, sinon plus, cruelle, acharnée, impitoyable que n'importe laquelle d'entre elles. Elle ne tient compte d'aucune des limitations auxquelles on s'astreint en temps de paix et qui forment ce qu'on appelle le droit des gens, elle ne reconnaît pas les égards dus au blessé et au médecin, elle ne fait aucune distinction entre la partie combattante et la partie non combattante de la population, elle viole le droit de propriété. Elle renverse tout ce qu'elle trouve sur son chemin, et cela dans une rage aveugle, comme si après elle il ne devait plus y avoir d'avenir ni de paix entre les hommes. Elle fait éclater tous les liens de communauté qui rattachent encore les uns aux autres les peuples en lutte et menace de laisser après elle des rancunes qui rendront impossible pendant de longues années la reconstitution de ces liens.

Elle a révélé encore ce fait à peine concevable que les peuples civilisés se connaissent et comprennent si peu que les uns se détournent des autres avec haine et horreur. Une des grandes nations civilisées est même devenue tellement haïssable que l'ayant proclamée « barbare », on avait essayé de l'éliminer de la grande communauté civilisée, bien qu'elle ait prouvé ses aptitudes à la civilisation par des contributions de tout premier ordre. Nous voulons bien espérer qu'un historien impartial réussira à montrer que c'est la nation dont la langue est la nôtre et dans les rangs de laquelle luttent ceux qui nous sont chers qui a le moins violé les lois de la morale humaine. Mais, en des jours comme ceux qui nous vivons, qui saurait s'ériger en juge de sa propre cause ?

Les peuples sont représentés à peu près par les États qu'ils forment ; les États, par les gouvernements qui les dirigent. Chaque ressortissant d'une nation peut, avec horreur, constater au cours de cette guerre ce dont il avait déjà une vague intuition en temps de paix, à savoir que si l'État interdit à l'individu le recours à l'injustice, ce n'est pas parce qu'il veut supprimer l'injustice, mais parce qu'il veut monopoliser ce recours, comme il monopolise le sel et le tabac. L'État en guerre se permet toutes les injustices, toutes les violences, dont la moindre déshonorerait l'individu. Il a recours, à l'égard de l'ennemi, non seulement à la ruse permise, mais aussi au mensonge conscient et voulu, et cela dans une mesure qui dépasse tout ce qui s'était vu dans des guerres antérieures. L'État impose aux citoyens le maximum d'obéissance et de sacrifices, mais les traite en mineurs, en leur cachant la vérité et en soumettant toutes les communications et toutes les expressions d'opinions à une censure qui rend les gens, déjà déprimés intellectuellement, incapables de résister à une situation défavorable ou à une sinistre nouvelle. Il se dégage de tous les traités et de toutes les conventions qui le liaient à d'autres États, avoue sans crainte sa rapacité et sa soif de puissance que l'individu doit approuver et sanctionner par patriotisme.

Qu'on ne vienne pas nous dire que l'État ne peut pas renoncer à avoir recours à l'injustice, car s'il y renonçait, il se mettrait en état d'infériorité. Se conformer aux normes morales, renoncer à l'activité brutale et violente est pour l'individu aussi peu avantageux que pour l'État, et celui-ci se montre rarement disposé à dédommager le citoyen des sacrifices qu'il exige de lui. Il ne faut pas, en outre, s'étonner de constater que le relâchement des rapports moraux entre les grands individus de l'humanité ait eu ses répercussions sur la morale privée, car notre conscience, loin d'être le juge implacable dont parlent les moralistes, est, par ses origines, de l'« angoisse sociale », et rien de plus. Là où le blâme de la part de la collectivité vient à manquer, la compression des mauvais instincts cesse, et les hommes se livrent à des actes de cruauté, de perfidie, de trahison et de brutalité, qu'on aurait crus impossibles, à en juger uniquement par leur niveau de culture.

C'est ainsi que le citoyen de l'univers civilisé dont nous avons parlé plus haut se sent tout à coup étranger dans le monde qui l'entoure, en présence de la ruine de sa patrie, de la dévastation de biens communs, de l'humiliation des citoyens dressés les uns contre les autres.

Sa déception appelle toutefois quelques remarques critiques. À parler strictement, elle n'est pas justifiée, car elle se réduit à la destruction d'une illusion. Les illusions nous rendent le service de nous épargner des sentiments pénibles et de nous permettre d'éprouver à leur place des sentiments de satisfaction. Aussi devons-nous nous attendre à ce qu'elles en viennent un jour à se heurter contre la réalité, et le mieux que nous ayons à faire, c'est d'accepter leur destruction sans plaintes ni récriminations.

Deux faits ont été la cause de notre déception, au cours de cette guerre : le caractère peu moral de la conduite des États envers leurs voisins, alors qu'à l'intérieur chacun d'eux se pose en gardien des normes morales, et la brutalité qui caractérise la conduite des individus et à laquelle on ne se serait pas attendu de la part de ces représentants de la plus haute civilisation humaine.

Commençons par ce dernier fait et essayons d'exprimer en une seule proposition, brève et concise, la conception que nous voulons soumettre à un examen critique. Comment se représente-t-on généralement le processus à la faveur duquel un individu atteint un degré de moralité supérieur? La première réponse sera celle-ci : l'homme naît noble et bon. Mais c'est une réponse sans valeur, dont nous n'avons pas à nous occuper ici. Une deuxième réponse admettra qu'on se trouve en présence d'une évolution, laquelle consisterait en ce que, sous l'influence de l'éducation et de l'ambiance civilisée, les mauvais penchants disparaissent peu à peu, pour faire place à de bons. Mais, s'il en est ainsi, comment ne pas s'étonner que, malgré l'influence de l'éducation et de l'ambiance civilisée, les mauvais penchants n'en réussissent pas moins à reprendre le dessus et à se manifester avec violence ?

Cette dernière réponse comporte une proposition à laquelle il nous est impossible de souscrire. En réalité, les mauvais penchants ne « disparaissent » pas, ne sont jamais déracinés. Les recherches psychologiques, plus particulièrement l'observation psychanalytique, montrent, au contraire, que la partie la plus intime, la plus profonde de l'homme se compose de penchants de nature élémentaire, ces penchants étant identiques chez tous les hommes et tendant à la satisfaction de certains besoins primitifs. En soi, ces penchants ne sont ni bons ni mauvais. Nous les classons, eux et leurs manifestations, sous ces deux rubriques, d'après les rapports qu'ils affectent avec les besoins et les exigences de la collectivité humaine. Il est admis que tous les penchants réprouvés par la société comme étant mauvais (par exemple, les penchants à l'égoïsme et à la cruauté) font partie de ces penchants primitifs.

Ceux-ci accomplissent une longue évolution, avant d'en venir à se manifester chez l'adulte. Ils subissent des inhibitions, sont orientés vers d'autres buts et d'autres domaines, se fondent les uns avec les autres, changent d'objets, se dirigent en partie contre la personne qui en est le porteur. Certaines formations par lesquelles nous réagissons à tels ou tels autres de ces penchants peuvent facilement faire croire à un changement de nature de ceux-ci, à une transformation de l'égoïsme en altruisme, de la cruauté en pitié. Ce qui favorise cette erreur, c'est le fait que certains de ces penchants se présentent dès le début par couples, en donnant lieu à ce phénomène remarquable, généralement peu connu des profanes, qu'on appelle « ambivalence affective ». Une des manifestations de cette ambivalence, la plus facile à observer et à comprendre, est représentée par la coexistence très fréquente chez la même personne d'un amour intense et d'une haine violente. A cette observation la psychanalyse ajoute que ces deux sentiments opposés se portent en outre fréquemment sur le même objet.

A la lumière de cette brève description, il est facile de définir ce qu'on appelle le caractère d'un homme et de se rendre compte de l'insuffisance de la classification fondée sur les qualificatifs : «bon» et « méchant ». L'homme est rarement tout à fait bon ou tout à fait mauvais : le plus souvent, il est bon sous certains rapports, méchant sous certains autres ; bon dans certaines conditions extérieures, décidément méchant dans certaines autres. L'expérience nous a révélé ce fait intéressant que la préexistence, à l'âge infan-

tile, de penchants fortement « méchants »
constitue dans beaucoup de cas une condition de l'orientation vers le bien, lorsque l'individu a atteint l'âge adulte. Les enfants les
plus égoïstes peuvent devenir des citoyens
charitables au plus haut degré et capables
des plus grands sacrifices ; la plupart des
apôtres de la pitié, des philanthropes, des
protecteurs d'animaux ont fait preuve, dans
l'enfance, de penchants sadiques et se sont
distingués par leur cruauté envers les
animaux.

La transformation des « mauvais » penchants est l'œuvre de deux facteurs agissant
dans la même direction et dont l'un est intérieur, l'autre extérieur. En ce qui concerne le
facteur interne, il se manifeste par l'influence
qu'exercent sur les mauvais penchants (di-
sons, si l'on préfère, sur les penchants
égoïstes) l'érotisme, le besoin d'amour, au
sens large du mot, qu'éprouve l'homme. Par
l'adjonction d'éléments éro*tiques*, *les* penchants égoïstes se transforment en penchants sociaux. On ne tarde pas à constater
qu'être aimé est un avantage auquel on peut
et doit en sacrifier beaucoup d'autres. Quant
au facteur externe, il consiste dans la pression exercée par l'éducation qui se fait le

porte-parole des exigences de l'ambiance civilisée et dont l'influence est ensuite remplacée par l'action directe de cette ambiance même. La civilisation n'a pu naître et se développer que grâce à la renonciation à la satisfaction de certains besoins, et elle exige que tous ceux qui, dans la suite des générations, veulent profiter des avantages que comporte la vie civilisée, renoncent à leur tour à la satisfaction de certains instincts. Une transformation incessante de la pression extérieure en pression intérieure a lieu au cours de la vie individuelle. Grâce à l'influence continue du milieu civilisé, des penchants égoïstes de plus en plus nombreux se transforment en penchants sociaux, par suite de l'adjonction d'éléments érotiques. Nous pouvons enfin admettre que toute pression interne dont l'action se manifeste au cours de l'évolution humaine n'a été primitivement, c'est-à-dire au début de l'histoire humaine, qu'une pression externe. Les hommes qui naissent de nos jours apportent avec eux au monde une certaine disposition à transformer les penchants égoïstes en penchants sociaux, disposition faisant partie de l'organisation qu'ils ont héritée et qui opère cette transformation en réponse à des impulsions souvent très légères. Mais d'autres penchants subissent la transformation, non plus en vertu d'une disposition héréditaire, mais sous la pression de facteurs extérieurs. C'est ainsi que tout individu subit non seulement l'influence de son ambiance civilisée actuelle, mais aussi celle des milieux dans lesquels avaient vécu ses ancêtres.

En désignant sous le nom d'aptitude à la vie civilisée la faculté que possède l'homme de transformer ses penchants égoïstes sous l'influence de facteurs érotiques, nous pouvons dire que cette aptitude se compose de deux parties, dont l'une est innée, tandis que l'autre a été acquise au cours de la vie ; et que les rapports existant entre ces deux parties, ainsi qu'entre chacune d'elles et les penchants qui n'ont pas subi la transformation érotico-sociale, sont très variables.

Nous avons une tendance à attribuer une valeur exagérée à ce qu'il y a d'inné dans le penchant à la vie civilisée et, d'une façon générale, à surestimer ce penchant, qu'il s'agisse de ses éléments innés ou acquis, par rapport à ce qui, de notre vie instinctive, est demeuré primitif. Autrement dit, nous avons une tendance à juger l'homme « meilleur » qu'il n'est en réalité. Il existe cependant encore une autre cause qui trouble notre jugement et nous pousse à conclure dans un sens trop favorable.

Les impulsions instinctives des autres hommes échappent naturellement à notre perception. Nous les inférons d'après leurs actes et leur manière de se comporter que nous rattachons à des mobiles ayant leur source dans la vie instinctive. Mais dans un grand nombre de cas la conclusion ainsi obtenue est erronée. Les mêmes actions, « bonnes » lorsqu'on les envisage sous l'angle de la vie civilisée, peuvent, dans certains cas, être dictées par des motifs « nobles », dans d'autres non. Les théoriciens de la morale n'appellent « bonnes » que les actions qui sont l'expression de bons penchants, et refusent ce qualificatif aux actions qui ne remplissent pas cette condition. Mais la société, qui ne se laisse guider que par des considérations pratiques, ne se soucie nullement de cette distinction ; elle se contente de constater que l'homme conforme sa conduite et ses actes aux exigences de la vie civilisée, sans se préoccuper de leurs mobiles.

Nous avons dit que la pression extérieure que l'éducation et l'ambiance exercent sur l'homme a pour effet de contribuer à l'orientation de la vie instinctive vers le bien, de favoriser le passage de l'égoïsme à l'altruisme. Mais il s'agit là d'un effet qui ne se produit ni nécessairement ni dans tous les cas. L'éducation et l'ambiance ne se contentent pas, et n'ont pas toujours l'occasion, de distribuer des primes à l'amour; elles sont obligées de recourir à d'autres moyens d'encouragement : à la récompense et au châtiment. Aussi arrive-t-il souvent que ceux sur lesquels s'exerce leur influence se comportent d'une façon socialement bonne et louable, sans que leur vie instinctive se soit affinée, sans que leurs penchants égoïstes aient subi une véritable transformation en penchants sociaux. En gros, le résultat sera le même; et c'est seulement dans certaines circonstances particulières qu'il apparaît que tel individu agit toujours bien, parce qu'il y est vraiment poussé par ses instincts, tandis que tel autre ne se comporte d'une manière socialement bonne qu'aussi longtemps et pour autant que cela s'accorde avec ses fins égoïstes. Mais une connaissance superficielle de l'individu ne nous fournit aucun moyen de distinguer entre ces deux cas, et notre optimisme nous poussera toujours à exagérer le nombre de ceux dont les penchants ont subi une transformation sociale.

Nos sociétés civilisées, qui exigent une bonne conduite, sans se soucier des penchants qui sont à leur base, a ainsi habitué un grand nombre d'hommes à obéir, à se conformer aux conditions de la vie civilisée, sans que leur nature participe à cette obéissance. Encouragées par ce succès, elles ont poussé les exigences morales aussi loin que possible, ce qui a eu pour effet de creuser un fossé encore plus profond entre la conduite imposée aux individus et leurs dispositions instinctives. Celles-ci subissaient une répression de plus en plus grande, et la tension qui en résultait se manifestait par des phénomènes de réaction et de compensation des plus bizarres. Dans le domaine de la sexualité, où la répression est le moins facile à obtenir, nous assistons aux phénomènes de réaction présentés par les malades névrotiques. Dans les autres domaines, la pression exercée par la vie civilisée, sans se manifester par des phénomènes pathologiques proprement dits, aboutit à des déformations du caractère, les instincts inhibés étant toujours prêts à profiter de la moindre occasion pour s'assurer une satisfaction. Celui qui est ainsi obligé de réagir constamment en se conformant à des règles et prescriptions, sans attache aucune avec ses penchants intimes, celui-là vît, psychologiquement parlant, au-dessus de ses moyens et peut, si on se place au point de vue objectif, être considéré comme un hypocrite, alors même qu'il n'a aucune conscience de cette hypocrisie. Il est incontestable que notre civilisation actuelle favorise dans une mesure extraordinaire ce genre d'hypocrisie. On peut dire, sans exagération, qu'elle repose sur cette hypocrisie et qu'elle subirait de profonds changements, si les hommes s'avisaient de commencer à vivre selon la vérité psychologique. Il existe donc infiniment plus d'hommes qui acceptent la civilisation en hypocrites que d'hommes vraiment et réellement civilisés, et il est même permis de se demander si un certain degré d'hypocrisie n'est pas nécessaire au maintien et à la conservation de la civilisation étant donné le petit nombre d'hommes chez lesquels le penchant à la vie civilisée est devenu une propriété organique. D'autre part, le maintien de la civilisation, même sur une base aussi fragile, offre la possibilité d'obtenir dans chaque nouvelle génération une nouvelle transformation des penchants, condition d'une civilisation meilleure.

Les considérations qui précèdent nous apportent déjà une première consolation, en nous montrant que la tristesse et la douloureuse déception que nous avons éprouvées à la vue des actes, si peu conformes à notre idée de la vie civilisée, dont se sont rendus coupables nos concitoyens du monde, n'étaient pas justifiées. En réalité, nos concitoyens du monde ne sont pas tombés aussi bas que nous l'avions cru, pour la simple raison qu'ils n'étaient pas à un niveau aussi élevé que nous nous l'étions imaginé. Ayant laissé tomber, les uns à l'égard des autres, les restrictions morales, les grands individus humains, peuples et États, ont cru pouvoir se soustraire momentanément aux obligations découlant de la vie civilisée et donner libre cours à leurs penchants refoulés, avides de satisfaction. Il est à supposer que la moralité relative, en vigueur dans les limites de chaque État et au sein de chaque peuple, n'en a pas souffert outre mesure.

Mais nous pouvons nous faire une idée encore plus profonde du changement que la guerre a produit dans la manière d'être et d'agir de nos anciens compatriotes du monde, et ce nous sera un avertissement de plus de nous garder d'être injustes envers eux. Les évolutions psychiques présentent une particularité qu'on ne retrouve dans aucun autre processus d'évolution ou de développement. Lorsqu'un village se transforme en ville ou que l'enfant devient homme, le village et l'enfant sont totalement absorbés, jusqu'à disparaître, dans la ville et dans l'homme. C'est seulement par un effort de mémoire qu'on peut retrouver des traits anciens dans la formation nouvelle; en réalité, les matériaux anciens et les formes anciennes ont disparu, pour faire place à des matériaux nouveaux et à des formes nouvelles. Il en est tout autrement de l'évolution psychique. Il y a là une situation à nulle autre pareille et qu'on ne peut décrire autrement qu'en disant que toute phase de développement antécédente subsiste et se conserve à côté de celle à laquelle elle a donné naissance. La succession comporte en même temps une coexistence, bien que les matériaux ayant servi à toute la suite des modifications soient les mêmes. L'état psychique antécédent peut rester pendant des années sans se manifester extérieurement ; mais, nous le répétons, il n'en subsiste pas moins, tant et si bien qu'il est susceptible, à un moment donné, de devenir la forme d'expression des forces psychiques, voire la forme unique, comme si toutes les phases ultérieures n'existaient pas, avaient disparu. Cette plasticité extraordinaire des possibilités d'évolution psychique ne peut cependant pas se manifester dans toutes les directions ; on peut la désigner comme représentant une aptitude extraordinaire à la répression, car il arrive souvent qu'une phase d'évolution ultérieure et supérieure, une fois délaissée, ne peut plus être rejointe. Les états primitifs, au contraire, restent toujours susceptibles de reproduction et d'évocation ; ce qu'il y a de primitif dans notre vie psychique est, au sens littéral du mot, impérissable.

Les maladies dites psychiques sont de nature à faire croire au profane qu'elles résultent d'une destruction de la vie mentale et psychique. En réalité, la destruction ne porte que sur des acquisitions et des phases d'évolution tardives. L'essence de la maladie psychique consiste dans un retour à des états antérieurs de la vie affective et fonctionnelle. Nous avons un excellent exemple de la plasticité de la vie psychique dans l'état de sommeil que nous cherchons à réaliser chaque nuit. Depuis que nous sommes à même d'interpréter les rêves, même les plus extravagants et les plus embrouillés, nous savons que toutes les fois qu'un homme s'endort, il se débarrasse comme d'un vêtement de toute sa moralité si péniblement acquise, pour la retrouver le lendemain, au réveil. Ce déshabillage moral est naturellement sans danger, l'état de sommeil, qui nous paralyse, nous condamne à l'inactivité. Seul le rêve est susceptible de nous renseigner sur la régression de notre vie affective vers l'une des phases d'évolution antérieures. C'est ainsi, par exemple, qu'il convient de noter le fait que nos rêves sont dominés par des mobiles purement égoïstes. Un Anglais de mes amis s'étant fait le défenseur de ce principe devant une assemblée savante en Amérique, une dame faisant partie de l'assistance formula cette remarque que ce qu'il disait pouvait être vrai en Autriche, mais qu'en ce qui la concernait, elle tenait à assurer que ses amis et elle éprouvaient bien des sentiments altruistes, même dans leurs rêves. Mon ami, bien que lui-même de race anglaise, se vit obligé, en invoquant les résultats qu'il avait obtenus par l'analyse de rêves, de répondre à la dame que dans les rêves les nobles dames américaines ne le cédaient en rien, au point de vue de l'égoïsme, aux dames autrichiennes.

C'est ainsi que la transformation des penchants, sur laquelle repose notre aptitude à la vie civilisée, peut, sous l'influence des événements de la vie, être frappée de régression, passagère ou durable. Il est incontestable que les influences ayant leur source dans la guerre font partie des forces capables de provoquer une pareille régression, ce qui fait que nous n'avons pas le droit de refuser l'aptitude à la vie civilisée à tous ceux qui se comportent contrairement aux principes sur lesquels repose cette vie et que nous devons attendre, jusqu'à ce que des temps meilleurs et plus calmes ramènent de nouveau à la surface leurs sentiments nobles et élevés.

Mais nous avons constaté chez nos concitoyens du monde un autre symptôme qui ne nous a peut-être pas moins surpris et effrayés que la baisse, si douloureuse pour nous, de leur niveau moral. Je fais allusion à leur manque d'intelligence, à leur stupide obstination, à leur inaccessibilité aux arguments les plus convaincants, à la crédulité enfantine avec laquelle ils acceptent les affirmations les plus discutables. Il en résulte un tableau profondément triste, et je tiens à proclamer hautement que je ne suis pas aveuglé par le parti-pris, au point de n'apercevoir ces défauts intellectuels que dans un seul des camps adverses. Or, ce phénomène s'explique encore plus facilement que celui dont nous nous sommes occupés plus haut et est moins fait pour nous troubler et inquiéter. Les philosophes et les connaisseurs d'hommes nous ont dit depuis longtemps que nous avions tort de considérer notre intelligence comme une force indépendante et de ne pas tenir compte de sa subordination à la vie affective. Notre intellect ne peut travailler efficacement que pour autant qu'il est soustrait à des influences affectives trop intenses ; dans le cas contraire, il se comporte tout simplement comme un instrument au service d'une volonté, et il produit le résultat que celle-ci lui inculque. Les arguments logiques ne peuvent donc rien contre les intérêts affectifs, et c'est pourquoi la lutte à coup de raisons est si stérile dans le monde des intérêts. L'expérience psychanalytique ne fait que confirmer cette vérité. Elle a journellement l'occasion de constater que les hommes les plus intelligents perdent subitement toute faculté de comprendre et se comportent comme des imbéciles, dès que les idées qu'on leur présente se heurtent chez eux à une résistance affective, mais que leur intelligence et leur faculté de comprendre se réveillent, lorsque cette résistance est vaincue. L'aveuglement logique dans lequel cette guerre a plongé précisément les meilleurs de nos concitoyens n'est donc qu'un phénomène secondaire, la conséquence d'une excitation affective et, il faut l'espérer, disparaîtra avec les causes qui l'ont provoqué.

Après avoir ainsi réappris à comprendre nos concitoyens qui nous étaient devenus si étrangers, nous supporterons beaucoup plus facilement la déception que nous ont causée les peuples, ces grands individus de l'humanité, à l'égard desquels nous devons d'ailleurs modérer nos exigences. Il est possible que les peuples, reproduisant l'évolution des individus, se trouvent encore aujourd'hui à des phases d'organisation très primitives, à une étape très peu avancée du chemin qui conduit à la formation d'unités supérieures. C'est pourquoi on ne constaterait pas encore chez eux les effets moralisateurs de la pression extérieure qui se manifestent avec tant de force chez l'individu. Nous avons pu espérer que la grande communauté d'intérêts créée par les facilités de communication, par les relations de plus en plus suivies et fréquentes et par l'échange continu de produits marquerait le commencement d'une pareille pression moralisatrice; mais il semble que, pour le moment, les peuples obéissent plus à la voix de leurs passions qu'à celle de leurs intérêts. Ils ne mettent en avant les intérêts que pour rationaliser leurs passions, pour pouvoir justifier la satisfaction qu'ils cherchent à leur accorder. Pourquoi les individus ethniques se méprisent-ils en général les uns les autres, se haïssent-ils, s'exècrent-ils? C'est là un mystère dont le sens m'échappe. On dirait qu'il suffit qu'un grand nombre, que des millions d'hommes se trouvent réunis, pour que toutes les acquisitions morales des individus qui les composent s'évanouissent aussitôt et qu'il ne reste à leur place que les attitudes psychiques les plus primitives, les plus anciennes, les plus brutales. Résultat profondément regrettable et qui s'atténuera peut-être à mesure que l'évolution poursuivra sa marche en avant. Nous croyons cependant qu'un peu plus de franchise et de sincérité

dans les relations des hommes entre eux et
dans les rapports entre les hommes et ceux
qui les gouvernent serait de nature à frayer
la voie à cette évolution.

----

1. Écrit lors de la première guerre mondiale (N.d.T.).